Remerciements

Il me serait fort aise de lancer ici des remerciements généraux et particuliers de la plus simple des manières .Non il n'en sera rien , ils seront uniques puisque je te les adresse. Oui tu as bien lu il s'agit de toi ….

Tu as d'avantage que ma gratitude et ma reconnaissance , tu as tout simplement les clefs de mon cœur dont tu connais les moindres fissures et chaque nuance de couleurs , mais tu as surtout les clefs des innombrables portes qui mènent au jardin de nos âmes , un jardin d'amour de miel et de lave.

L'idée de te décevoir , et tu le sais , m'est oh combien insupportable alors il n'en sera rien puisqu'il s'agit ici d'une naissance , la NOTRE .

Une journaliste/artiste en devenir disait:

«La naissance commence par l'innocence là ou la mort commence par les remords de la vie» NS

Elle n'a pas tord , nous sommes tous deux bercés de cette innocence préservée au jardin de nos espérances.

Nous nous sommes si cherchés , tellement attendus , longuement espérés et enfin retrouvés . Même le nombre des années n'a nullement gommé ces interminables heures ou nous nous attendions et nous aimions déjà en silence , dans ce silence fracassant même qu'enfant avions pris en habitude lorsque les tempêtes de nos vies venaient injustement frapper aux vitres de nos cœurs . .

Ce recueil il est le mien , il est le tien , il est le NOTRE...

Mais il est également une chapelle , celle de l'amour éternel qui , comme les ailes des papillons légères et parfumées de douces caresses , fredonne au creux de nos cœurs le chant amoureux de nos passions enlacées .

Table des matières

Remerciement
Table des matières
Préambule
Préface

Chapitre premier PREMIER REGARD

    1.1   Premier regard
    1.2   Effraction
    1.3   Il suffirait d'aimer
    1.4   Fleur de miel
    1.5   Morceau d'étoile
    1.6   Porte Orléans
    1.7   Rendez vous avec la lune

Chapitre second   LA PASSION

- 2.1   Désir cachés
- 2.2   Interdit
- 2.3   Plaisir d'été
- 2.5   Ballade en foret
- 2.6   Solitude
- 2.7   Marche
- 2.8   Départ

Chapitre troisième   L'ABSENCE

- 3.1   Sacrifice
- 3.2   Et pourtant
- 3.3   Aujourd'hui
- 3.4   Quand nous serons vieux
- 3.5   L'encre de nos cœurs
- 3.6   Le temps ainsi venu
- 3.7   Promesse
- 3.8   Les portes du silence
- 3.9   Les pleures du silence

Préambule

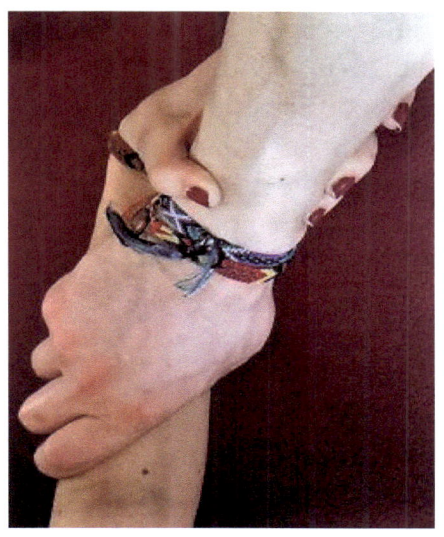

Détresse du cœur

Tu vas et reviens comme une ombre
Dans les décombres de ma prison.
Mon cœur pleure ton retour,
Mon âme saigne de douleur.
A quand ton retour mon amour ?
Perdue et éperdue de ton être
La clef à toi mon voyou .
Sentir ta chaleur à nouveau ,
Caresser ma peau est la plus douce
Des sensations sans trahison.
La grisaille s'est installée dans mon cœur ,
Une tempête s'est emparée de mes yeux.
Soleil de mon cœur qui illumine mes jours
Les plus beaux et mes passions à venir .
La faim de toi est douloureuse.
Revient nourrir nos âmes de folies heureuses.
Tristesse du cœur en détresse ,
Manque de tes caresses
Sans paresse avec ivresse .

NS

Préface

L'unique, premier recueil poétique de Thierry Paul Valette , dresse l'inventaire de l'amour dans tous ses états . De la tristesse la plus profonde , celle qui parfois nous saisit de ce vide intérieur , au sentiment amoureux le plus léger.

Ce recueil est l'histoire d'une rencontre ,celle de deux âmes-sœur, de deux êtres séparés et enfin retrouvés .Elle y est vécue comme une naissance qui se dessine passionnelle et fusionnelle avec ce perpétuel désir de nourriture de l'autre .Elle n'est ni destructrice ni étouffante puisqu'elle échappe aux mécanismes habituels d'une relation ou l'identité profonde de l'un ou de l'autre se modifie et meure , mais au contraire elle répond aux besoins intérieurs de compréhension et de découverte qui nous aide et nous permet d'avancer d'évoluer et de grandir .
Elle n'est ni effrayante ni perturbante puisqu'elle s'inscrit sous le signe de

l'évidence .

Cette rencontre n'est pas un accident amoureux , elle n'est pas une faille et répond aux angoisses existentielles la ou généralement elle suscite inquiétudes et doutes .
C'est aussi la rencontre de deux personnes qui reconnaissent l'importance de chacun et de leur moi intérieur , qui construisent habilement leurs entités à l'abri des mépris de la reconnaissance de l'un ou de l'autre .

Au delà de l'entente sexuelle et intellectuelle la nécessité d'exister dans leur propre identité est réelle et présente et c'est ce qui permet à l'auteur ici d'explorer et nous dévoiler son âme

C'est avec parfois cette légèreté enfantine que Thierry Paul Valette nous montre la façon dont s'exhume sans crainte des sentiments intérieurs et peu importe les regards extérieurs puisque l'autre est la ….L'UNIQUE enfin retrouvée existe mais désormais auprès de lui , comme disait Paul Eluard : » l'amour est au monde pour l'oubli du monde «

Ce couple ainsi défini est un sanctuaire paisible qui au fil de ce recueil nous ouvrent les portes de l'intimité dont l'auteur au travers de l'Unique conjugue divinement des jeux intimes , subtils et réjouissants .

De cette relation féconde ainsi définie Thierry Paul Valette au travers de son recueil nous met en évidence cette possibilité de pouvoir ainsi laisser s'échapper nos démons les plus profonds ,nos pensées les plus sombres et parfois absurdes .

Ce recueil est un formidable message d'espoir apporté .
Rien n'est impossible au delà de nous même au delà de nos grandes turpitudes .
Seul l'amour sincère, non destructeur , celui qui respecte l'autre et le porte au nu , permet de sauver notre âme , de vivre libre et heureux

NS

Chapitre premier : L'amour

« Aimer , ce n'est pas se regarder l'un l'autre , c'est regarder ensemble dans la même direction «

Antoine De Saint-Exupéry

- Premier regard
- Effraction
- Il suffirait d'aimer
- Fleur de miel
- Morceau d'étoile
- Porte Orléans
- Rendez vous avec la lune

Premier regard

Un jour d'automne ,d'un simple regard,
Soudainement tu as conquis mon cœur.
Avec magie par le plus beau des hasard,
Alors, tu es devenue ma plus belle fleur.

Tu as posé tes yeux au cœur de mon nu
Et j'ai senti tous leurs parfums inconnus.
Alors, des ton premier regard, ainsi j'ai su
Qu'a tout jamais ils ne me quitteraient plus.

Des lors, de tes prunelles je me suis vêtus
Et me plais, aimé de cette robe d'écumes,
Ainsi désiré de tes charmes posthumes
Pour lesquels je fut mit au dépourvu.

Secrètement devenues étoiles de mes nuits,
Au berceau du couchant je m'y retire, éblouie
Comme un soleils qui vient s'y endormir,
Au rivage exquis de tes paupières martyres.

Tes longs cils recouverts de douce flanelle
Dévoilent sur leurs ailes tes envies désirées,
Et se dressent au firmament de leurs beauté

Quand tes pulsions deviennent charnelles.

De son écrin de satin, si délicatement,
Ton regard perçant sur mon cœur se repose
Et offre a mes nuits désormais en proses
Tes yeux qui scintillent amoureusement.

Ils ont pillé mon cœur qui se consume
De ton désir pénétrant, qui effleure
Et rassure jusqu'à l'iris de mes peurs,
Au jardin de nos étreintes nocturnes.

Coquins , vif , brodés de brunes dentelles
Aux rondes pupilles divines et éternelles,
Cachent en leurs creux toute ta tendresse,
Celle que tu m'offres avec délicatesse.

Ce jour d'automne, d'un unique hasard,
Inespérément, j'ai su délivrer ton cœur.
Avec amour, par le plus pur des regards,
Alors je suis devenue ta plus belle couleur.

J'ai su posé mes yeux au cœur de ton nu
Et tu as compris tous leurs parfums inconnus.
Alors, des mon premier regard aussi, tu as su
Qu'à tout jamais je ne te quitterai plus.

Effraction

Rentré dans ton cœur par effraction
Comme un petit voyou en perdition,
Je me suis introduit sans intention
A l'intérieur de cette habitation.

La porte était encore bien fermée,
Mais cela ne pas pas arrêté,
Quand j'ai avancé dans la pénombre
Sans peine et sans encombre.

Tu n'as rien remarqué trop occupée
A espérer que l'on vienne te piller.
Mais sans raison, au pied de cette porte,
Je me suis glissé sans aucune escorte.

Alors, comme un voyou en prison,
J'ai allumé la lumière sans raison,
Et j'ai découvert un endroit vierge
Ou n'étaient allumés aucun des cierges.

Je me suis approché en silence,
Mais le cœur en effervescence,
Auprès de ton coffre si secret
Qui me rend tant indiscret.

La clef encore posé sur la serrure
N'attendait que ma désinvolture
Pour découvrir tout son contenu
Et dérobé l'ensemble sans retenue.

Il suffirait d'aimer ...

Nous avons dans notre cœur
Sans nous emprisonner,
Un être sur qui veiller
Qui éclaire notre bonheur.

Un être si merveilleux,
en poème ou en chanson, ,
Sans tord ni aucune raison
Il sait nous rendre heureux.

Si encore il n'est pas trouvé,
Au pied d'un dattier il dort.
Si encore il n'est pas aimé,
Il est bien plus rare que l'or.

Offre lui des milliers de fleurs,
Offre lui ton cœur qui pleure,
Ces belles couleurs du Maroc
Bien plus douces que le roc.

Offre lui des perles de roses,
Offre lui tes lendemains,
Ces belles histoires en proses,
Bien plus douces que le jasmin.

Au bord des mers d Agadir
Tu verras naître son cœur,
Et plus jamais tu n'auras peur
De devoir un jour partir.

Fleur de miel

Au bord d'un chemin ombragé,
J'ai trouvé une fleur fanée.
Sur sa tige courbée,
Son regard demeurait triste.
Je l'ai cueilli de mes mains caressantes.
Au creux de mon cœur,
J'ai creusé un puits,
Rempli d'amour et de folies.
Délicatement, je l'y ai déposé.
A ses racines, mon miel,
Doucement s'y est infiltré.

Alors, tu es devenu cette magnifique fleur
Aux pétales de jade et de saphir,
Cette unique plante verdoyante,
Aux ailes légères et papillonnantes.
Seule notre lave en fusion
Te sera cet élixir éternel
Ou tu deviendras bien encore plus belle.

Il ne te manque que la liberté de tes rêves,
Celle du bonheur enfin trouvé
Auprès de mon cœur,
Pour que plus jamais
Ta beauté ne soit un jour fanée.

Morceau d'étoile

Je t'emmène sur un morceau d'étoile,
Accrochée aux violons de mon cœur,
Comme un flocon posé sur notre toile,
Voletant aux cimes de nos douceurs.

Notre lune, ainsi blanche et féconde,
Au charme de notre nouveau monde,
Efface nos âmes, claires vagabondes,
Au soleil de nos peines rubicondes.

Ton visage endormi sur mes genoux
Murmure l'envie de ce petit cailloux,
Allongé si doucement sur une feuille
Aux senteurs épicées du chèvrefeuille.

Je t'emmène sur un morceau d'étoile,
Couvert d'étoffes, de draps et de voiles,
A l'heure flamboyante et matinale
Ou tu deviens cette belle orientale.

De quarante bougies de jade et de saphir
Tu es devenue plus forte que le zéphyr,
Déposant le souffle de tes libérations
Au zénith de toutes tes constellations.

Porte d'Orléans

C'est là-bas ou s'est arrêté le temps
Ou la vie dure plus qu'un long instant
Ou les choses durent assez longtemps
C'est comme ça porte d'Orléans.

Sous la pluie , dans le ciel, on respire,
On s'envole pour mieux repartir,
A l'infini on se donne tous en rire.
C'est comme ça porte d'Orléans.

Je l'éblouis ça reste toujours ainsi,
Elle me dit oui c'est pour la vie.
Rien n'a changé , ni le jour ni la nuit,
C'est comme ça porte d'Orléans.

Alors prends ma main que je te donne,
Viens notre chanson je te la fredonne,
C'est bien celle de la porte d'Orléans,
On recommence et on s'aime encore.

C'est la bas ou tout a recommencé,
Cette chance encore de s'aimer,
Sous la pluie , éternelle ritournelle,
C'est comme ça porte d'Orléans.

Et maintenant viens, allons nous en,
Heureux ,amoureux comme des enfants.
Allez viens on a bien encore le temps.
C'est comme ça porte d'Orléans.

Alors prends ma main que je te donne,
Viens notre chanson je te la fredonne,
C'est bien celle de la porte d'Orléans,
On recommence et on s'aime encore.

Alors prends ma main que je te donne,
Viens notre chanson je te la fredonne,
C'est bien celle de la porte d'Orléans,
On recommence et on s'aime encore.

Rendez vous avec la Lune

Ce soir le poète a rendez-vous avec la lune.

Au pied d'un chêne ,il contemple les dunes.

La nuit obscure,alors,se dévoile peu à peu
Laissant apparaître le poète malheureux.

Mais dans le ciel il tombe amoureux,
Dans la brume il ouvre ses yeux,
Amoureusement il dépose son cœur,
Et délicatement emprisonne ses peurs.

Dans ce noir obscur, des astres d'argents
Illuminent doucement ce merveilleux changement,
Et de ses yeux, coulent des perles de lunes

Qui brillent de milles feux au travers de sa plume.

L'aurore doucement étend ses profondeurs,

L'éloigne de sa vaste et sombre demeure,
Et dans la nuit, le silence, peu à peu s'endort
Comme une étoile qui alors bercerait son corps.

Chapitre deuxième : La passion

« La passion amoureuse est le sexe de l'âme »

Jean Paul Lebourhis

- Désir cachés
- Interdit
- Plaisirs d'été
- Soumise
- Ballade en foret
- Solitude
- Marche
- Départ

Désirs cachés

Au rivage de tes lèvres ardentes,
Du désir d'une caresse envoûtante,
Demeure cette larme enivrante
Aux portes de ton âme pénétrante.

Aussi pourpre et exquise que cette rose,
Au creux de ta bouche elle s'y dépose.
Aussi belle et douce que cette prose,
Au creux de tes seins elle se propose .

Au rivage de tes lèvres parfumées,
Du désir d'un baiser échangé,
Demeure cette envie endiablée
Aux portes de ton cœur naufragé.

Aussi éternelle que cette rose,
Au creux de ta bouche elle s'y ose.
Aussi pure que cette prose,
Au creux de tes seins elle s'y impose.

La nature rend grâce a mes yeux
D'avoir ainsi posé mes mains désireuses
Sur ton corps qui a peu à peu
Dévoile tes prunelles amoureuses.

De jade et d'émeraudes , dans mon sang,
Coulent tes sentiments grandissants.
De désir et de convoitise, dans ton sang
Se déchaînent mes gestes indécents.

Tu t'élances sous des voiles vulnérables,
De charme et d'écumes orientales,
Ta peau délicate épice musicale,
Légère ,frissonne de ce plaisir nuptial.

Je m'abandonne félin a tes instincts.
Au creux de tes reins je me retiens.
Mais de tes hanches me reprends en mains
Pour que notre étreinte divine arrive enfin.

Cette nuit elle sera annonceuse,
Notre folie unique et amoureuse.
Cette nuit elle sera langoureuse,
Notre folie magique et ténébreuse.

C est ainsi que deux êtres qui s'aiment,
Mais aussi pour les rendre heureux,
Emportent toujours si loin avec eux
Le plus beau et le plus secret des poèmes.

Interdits

J'ai tant rêvé d'elle, de nos nuits éternelles,
Du sentiment insoucieux qui rend amoureux.
J'ai tant crié d'elle, de nos bruits étincelles,
Du sentiment fiévreux qui rend aventureux.

La nuit apporte avec elle tous ses espoirs
Et réveille en elle l'instinct de ses désirs.
Elle s'abandonne nue au delà du miroir
Et se donne à la passion de mes plaisirs.

Je l'attache au panthéon de mes fantasmes,
La fait prisonnière de toutes mes envies,
La déshabille de milles enthousiasmes,
Et la rend maîtresse de mes propres folies.

Emplie d'une douceur exquise, elle se dénude
Et se dévoile bien encore plus téméraire.
Ainsi commence notre premier prélude
Aux rythmes enivrants de nos préliminaires.

Mes mains saisissent sa peau frémissante.
Elle deviennent son unique exploratrice
Et découvrent des envies rugissantes

Au plus fort d'une intimité fellatrice.

Ses lèvres, humides et saisissantes,
Deviennent cet interdit contredit
Que seule ma déraison avait prédit
Et ma passion rendu débordante.

Directive en moi ainsi elle se dresse,
Comme les flots ,ardente, elle se balance.
Je succombe aux sirènes de ses caresses,
Et mon extase alors lui fait allégeance.

Je m'endors envoûté à son sein dégagé
Ainsi réchauffé par un corps tant désiré.
Et me laisse emporter par son âme affamée
Alors protégé par un cœur réconforté.

Aujourd'hui tout est permis et rien n'interdit
De faire ainsi partie de ces amants maudits.
De rester sans se dévoiler dans nos secrets
Et de vivre intensément pour l'instant cachés.

Plaisir d'été

Sur un quai ensoleillé,
Sous ta jupe parfumée
De l'odeur des framboisiers,
Tu me fait rêver.

Légère et dévêtue,
Tu me fais dresser
Aux rythmes gênés
De nos souvenirs d'été.

Sur un quai abandonné,
Sur ta peau mouillée,
De tes envies d orchidées
Tu me fais transpirer.

Légère de tes seins nus
Tu me fais glisser
Au rythmes si frais
De ton corps dénudé.

Sur un quai ensorcelé,
Dans ton jardin trempé,
De tes désirs secrets,
Tu me fais oublier.

Légère et résolue
Tu me fais monter
Aux rythmes serrés
De tes lèvres déchaînées.

Soumise

Je n'ai que les vertiges d'une caresse exquise
A déposer au pied de cette brûlante banquise
Rendez-vous de ma plus belle marquise,
Ou déjà elle me semble toute acquise.

Je n'ai que le frisson d'un baiser ainsi dévoré
A lui échanger au précipice de ses lèvres enflammées,
Miroir de ses fines pluies de larme libertines,
Ou déjà elles me semblent ruisseler sur sa poitrine.

Je n'ai que la chaleur de mon corps assoupi
A lui offrir à la lumière de son sein maternel,
Volcan de ses seules floraisons charnelles,
Ou déjà elle me semble divinement endormie

Je n'ai que le murmure de mes rêves félins
A lui chanter a l'entrée brûlante de son chemin,

Écrin sauvage de ses plus vulnérables envies,
Ou déjà je lui semble durement introduit

Ballade en foret

A la lisière d'un chemin découvert,
Allongé sur un drap d'herbes fraîches,
Au pied des fleurs et des pêches,
Commence une étrange prière.

D'une robe vêtue ton fruit défendu
A l'abri des mes mains indiscrètes
Se dessine de nos envies en têtes
Aux préludes de nos deux corps nus.

Je m'imagine ce doux ballet
Ou, glissants dépourvus de pudeur,
Mes doigts empreints de ferveur
Viendraient te faire transpirer.

Délicatement ton voile sur ta peau,
A tes pieds nus alors je dépose.
Et découvre ou mes yeux se posent
Une toison qui dresse mon roseau.

Doucement mon lin sur ma peau,
A mes pieds nus alors tu déposes
Et découvre ou tes yeux se posent
Une tige qui caresse ton museau.

Imprégnés d'agréables voluptés,
Aux sourires fous et insistants,
Nos échanges suaves et gourmands
Maintenant m'ordonnent à te déguster.

Me faisant audacieux je t'approche,
Et de ma bouche alors caressante
Effleure ta poitrine bouillonnante,
Ou tu m'y attends sans aucun reproche.

Tes seins sur ma langue se dressent,
Et t'y dessinent des courbes contredites
Qui mouillent tes chairs interdites
Ou, amoureusement, je me confesse

Au goût sucré de tes saveurs exquises,
Ainsi dévoilées au creux de ton duvet,
Et me raidi d'avoir a ton jardin secret
Goutté le fruit d'une telle friandise.

Maintenant en moi te voilà assise,
Pénétrante avec grande délicatesse,
Secoué de tes rythmes d'ivresses
Ou tu restes ma douce soumise.

Nos corps ruisselants s'entremêlent
A mes nuptiales caresses qui, derrière,
Stimulantes viennent en ta garçonnière

Et te rendent bien encore plus charnelle.

Je salive a tes pointes qui se dressent,
Me fixe a ton regard qui m'envisage,
Et brusquement te saisi de cette rage
Qui te voit monter comme une diablesse.

Vaincue d'extase et de plaisir,
Ta gorge me devient profonde,
Et dépose a ce nouveau monde
Le miel de tous tes plaisirs.

Solitude

De grands fardeaux épineux sur le dos
Elle nous semble transpercer les flots.
Cacher en ses creux tes chagrins non désirés,
Tes blessures qui animent ces matins usés.

Elle me raconte encore toutes tes histoires
Qui viennent hanter les murs de ta mémoire,
Ou ton cœur serré s'était alors arrêté.
Tous tes rêves manipulés et jamais réalisés.

Accroupie et enfermée aux portes du silence,
Aux confidences de toutes tes souffrances,
Dans les couloirs vides de ton existence
Ou tu cachais alors toute ton impuissance.

Elle me raconte encore toutes tes nuitées
Qui viennent salir les murs de ton intimité
Ou ton corps souillé s'était alors encrassé
Tous tes envies forcées et jamais désirées

Attachée et humiliée aux portes de l'enfance,
Aux errances de toutes les indifférences,

Dans les larmes de ta désespérance,
Ou tu montrais alors toute ton obéissance.

Ton corps doucement envahi de noirceur
Dessinait la tristesse de toutes ces heures.
Le temps alors devenait cette pire langueur,
Submergé de ces désirs les plus menteurs.

Tes cris cachés peine de tes larmes silencieuses
Défient la haine de toutes ces heures pernicieuses,
Complices à chaque seconde des pires servitudes
Qui t'habillent du manteau de ton immense solitude.

Marche...

Seule ,ce soir, tu avances dans le brouillard.
Tu as froid, tu as mal mais tu n'as pas faim , tu es seule.
Tu hurles ta douleur, tu abandonnes ta rage.
Et puis tu restes là, assise, figée et décharnée, seule, toujours seule...
Seule comme cette petite fille à qui tu ressemblais,
Seule comme cette petite fille encore hier que tu étais.

Alors relève toi, défend toi, impose toi et marche.
Oui marche, marche encore et encore.
Marche sans ne jamais t'arrêter.
Marche sans ne jamais te remettre à pleurer.
Ne te retourne jamais, regarde toujours devant toi, regarde au loin au soleil levant.
Seule comme cette petite fille à qui tu voulais ressembler...
Seule comme cette petite fille qu'hier encore tu rêvais...

Ton combat sera ta victoire, ta douleur ton bonheur.

Tes larmes scintilleront de milles couleurs.
Elles illumineront ton cœur,
Elles sublimeront ton intérieur,
Et tu deviendras cette petite fille qui simplement n'avait fait que ce terrible cauchemar.
Tu deviendras cette petite fille qui seulement ne voulait ne plus jamais avoir peur.

Départ

L'heure du départ était arrivée bien plus vite que je ne l'avais imaginé .
Je cherchais désespérément à

la retenir , a la garder auprès de moi le plus longtemps possible.
Je ne voulais plus la quitter et j'usais de chaque prétexte qui me passait par la tête .
Je ne pensais qu'à prolonger ces instants uniques et amoureux ou lorsque nous sommes avec celle que nous aimons , la terre , la lune et soleil semblent alors se mettre en éveil .
Sans hésiter elle prit ses affaires , me donna un dernier baiser et semblait déjà ne plus me connaître.
Elle quitta rapidement la terrasse du café ou nous nous étions retrouvé pour se diriger déterminée vers cette station de métro que je commençais déjà à détester .
Je surveillais attentivement chacun de ses gestes aussi férocement qu'un guépard ne quittant plus sa proie . J'espérais avec une fébrilité exagérée la moindre hésitation de sa part qui ferait battre mon cœur et donnerait espoir a mon désir qui

doucement commençait à m'échapper .

 Le temps semblait s'être ainsi arrêté, figé dans un instant que je ne pouvais plus maîtriser et je retenais mon souffle comme s'il m'était interdit de respirer, de penser ou bien même d'exister.
Seule l'extrémité de mes doigts qui commençaient à se crisper me trahissait
Mais elle poursuivi son chemin et ne prit jamais la peine de se retourner.
Les pavés aux reflets argentés semblaient alors s'effacer sous ses pieds.
Elle disparu comme une ombre qui peu à peu s'enfonce dans le clair obscur laissant derrière toutes les peines que j'avais pour elle .
Je pressentais que bientôt je ne la reverrai plus jamais.

Chapitre 3 : Souvenir et absence

« C'est dans le souvenir que les choses prennent leurs vraie place »

Jean Anouilh

- Sacrifice
- Et pourtant
- Aujourd'hui
- Quand nous serons vieux
- L'encre de nos cœurs
- Le temps ainsi venu
- Promesse
- Les portes du silences
- Les pleures du silence
- L'unique papier

Sacrifice

Mon cœur endiablé,aux chants de tes sirènes,
Mon amour fit de toi la plus grande reine
Pour laquelle je déposa cette couronne
Qui de moi fit ta plus belle personne.

Mon cœur déposé aux cris de tes soupirs,
Mon amour, fit de toi mon plus grand empire
Pour lequel je déposa cet encensoir
Qui de moi fit ta plus belle victoire.

Oh ma muse tu m'inspiras mes plus douces peintures
Ton âme cristalline souffla la plume de mes plus pures écritures
Tu fis de mes nuits les rêves les plus grandioses
Ou tu berçais nos désirs de toute ta plus belle prose.

Tu nous offris ces plus inoubliables étreintes,
Ou nos corps ne pouvaient demeurer ces lueurs éteintes,
Ou le râle du sacre de nos passions déchaînées
Ne pouvait s'imaginer un jour devenir

enchaîné.

Mon unique enfin te voilà retrouvée.
A jamais demeures tu dans le marbre
De nos étoile qui jadis se sont rencontrées
Pour enfin reposer au pied de ce grand arbre

Au feuillage sombre de tes pleures
Ou je ne te laissa déposer tes peurs
Pour qu'elles deviennent cette unique fleur
Qui respirerait le parfum de notre bonheur.

Les épines furent encore tes épreuves
Dont tu n'avais plus à cueillir les heures
De tous ceux qui nous donnaient tord
Et sans qui ensemble nous serions alors.

Les affres du doute te furent ainsi jetés
En proie lâchement pour mieux te contrôler.
Au cœur de ta chair qui te fit culpabiliser
Et dont le souffle d'un instant t'immobilisaient.

Pourtant il fut écrit que l'amour serait ta force,
Que ton rêve ne te serait jamais retiré,
Que seule toi avait le droit de cette chance
De pouvoir enfin retrouver toute ta confiance.

C'était ton instant celui qui t'appartenait,
Ou tu avais rendez vous avec ton destin.
Tu n'avais qu'à prendre la main que je te t'offrais
Et notre vie serait devenue un fabuleux festin.

Le vent alors aurait chanté ton retour à la vie
Nous donnant ainsi à tout jamais l'envie
D' hisser les voiles de notre beau navire
La ou ensemble nous avions promit de partir.

Ce paradis ou tout pouvait se reconstruire,
Lumière de notre douce et unique folie,
La ou plus jamais tu n'aurais eu à fuir
Toutes ces nuits qui détruisaient ta vie.

Qu'à jamais demeure celle que tu m'étais promise,
Ou tu serais devenu libre et insoumise,
Qui enfin t'aurait vu cette femme monumentale
Au charme ensorceleur ma belle orientale.

Aujourd'hui agenouillé au tombeau de celle que tu fut,
Je ne peux que pleurer la vie dont tu nous à dépourvu.

Je ne peux qu'espérer comme une triste gribouille
Que je puisse un jour m'assoupir auprès de ta dépouille.

Et pourtant

Ce ne sont que des lettres mais pas n'importe qu'elle lettres.
Ce ne sont que des mots mais pas n'importe quels mots.
Ce ne sont que des phrases mais pas n'importe qu'elles phrases.
Elles ne sont ni d'encre ni de sang.
Elles ne sont ni de pierre ni de papier.
Mais elles sonnent toutes comme une prière,
Et résonnent comme un bouquet d'éclairs.

Aux feuilles de l arc-en-ciel je t'avais déposé ce livre involontaire.
Au creux de tes mains étaient restés endormis nos adultères.
Comme les châteaux maudits bâtis de sueurs et de douleurs,
Ils étaient encore ce manuscrit interdit.
A la raison de l'Homme ,dévoilés ,ils auraient été pillés et moqués
Puisque seul leur importe l'odeur argenté de l'aurifère.
Au pilori de l'hypocrisie ainsi attachés,
De pleurs et de cris ,nos cœurs auraient pleurés.

Aujourd'hui une pierre à disparue, celle de la luxure de nos cœurs.
Le temps d'une lueur elle éclairait notre bonheur
Et réchauffait nos âmes le temps de sa candeur.

Ce ne sont que des lettres mais pas n'importe qu'elle lettres.
Ce ne sont que des mots mais pas n'importe quels mots.
Ce ne sont que des phrases mais pas n'importe qu'elles phrases.
Elles ne sont ni de larme ni de craie,
Elles ne sont ni d'or ni de jade,
Mais elles chantent toutes comme une lune claire
Et fredonnent comme une rime légendaire.

Aujourd'hui

Aujourd'hui encore la nuit obscure et scintille s'est mise à pleuvoir Elle s'est enroulée me laissant dans le noir, seul au cri de mon désespoir.
Je n'ai que les cafards comme agréable compagnie, je n'ai plus les bruits de tes silences que j'écoutais jusqu'à minuit.

Ouvre les yeux sur ma folie , elle n'est que le chant de tes ennuies.
Prends moi la main , serre la doucement contre ton sein.
Et oui tu tiens toujours en main la clef de ton destin.

Aujourd'hui il n'y a plus de fleur pour m'accompagner aux vacances de tes soupirs , pour embrasser le miel de tes désirs et caresser les fleurs ,celles qui nous faisaient frémir.
Je n'ai que les bruits des marteaux piqueurs comme agréable compagnie , je n'ai plus l'odeur de tes lèvres que je sentais jusqu'à minuit

Ouvre les yeux sur ma folie , elle n'est que le chant de tes ennuies.

Prends moi la main , serre la doucement
contre ton sein.
Et oui tu tiens toujours en main la clef de
ton destin.

Alors aujourd'hui j'ai pris le stylo qui était
à mon père pour t 'écrire cette lettre.
Tous les mots même les phrases sont écrits
à l'envers.
Et pourtant tu le sais mais tu préfères me
regarder de travers.

Désormais nous vivrons séparés , nous
oublierons toutes ces année
Ou la cage était toujours fermée.
Il n'y a plus de jour,
Il n'y a plus de mois,
Il n'y a plus d'année.

Quand nous serons vieux ces mots seront
toujours les mêmes.
Seul l'encre aura changée mais crois moi
je ne vais pas regretter
D'avoir comme ça gommé le passé.

Alors je te le dis , je te le dis ainsi :
Oui tout est fini , j'ai enfin compris.

Quand nous serons vieux

Quand nous serons vieux , installés au coin du feu ,
Je sentirai ta main posé sur mes cheveux,
Je penserai sûrement à ces jours joyeux
Ou nous avions décidé de vivre heureux.

Je n'aurai que le temps d'être devenu vieux,
De rester assis , fixe et mystérieux
Aux songes de chaque instant passés à deux
Ou tout n'était que luxe majestueux.

Je me souviendrai de la prunelle de tes yeux,
Légère dentelle de papier,au creux
de tes reins déposée, pour me laisser envieux
De nos souvenirs aujourd'hui voluptueux.

Quand nous serons vieux , installés au coin du feu,
Tu sentiras ma main posée contre ton sein,
Tu penseras sûrement à tous ces jours coquins
Ou nous avions décidés de vivre sans fin.

L'encre de nos cœurs

Des l'aube de ses soupirs,
Sur son sein , j'irai dormir .
Sur son ombre je m'endors
A l'aube de ce trésor.

Son désir n'est que douceur
Dont l'âme cache sa lueur.
Une mer de mille proses
Ou l'âme devient une rose .

S'envole et se pose
Sur ses ailes blanches
Ce nectar indélicat,
Tentation de ses hanches.

Elle se joue de nos rires
Avide de nous punir ,
Ses cris en liesses
La rendent déesse.

Elle se laisse capture
de mes mains caressantes,
Enivrante de son destin
S'abandonne à la luxure.

Son corps se dessine
Sous des voiles interdits,
De ses courbes se devine
Des regards contredits.

La brise s'est mise à chanter,
Sa peau doucement à frissonner,
Ses cheveux se sont emmêlés,
Et moi je me suis réveillé.

Le rêve avait disparu
Et les souvenirs s'étaient envolés.
Seul était resté au lieu de son nu
Une stèle de marbre glorifiée.

Le temps ainsi venu

Te voilà rentrée au panthéon de mes souvenirs.
Tu verras la place y est chaleureuse à condition que ton âme y soit exquise.
Je me plais à la contemplation de notre passé dessiné sous ces voiles interdits, parfois remplis de milles folies.

Je compare souvent l'amour à l amitié .
Ils ressemblent tous deux étrangement à ces rues de Paris.
D'immenses avenues droites , sévères et interminables qui laissent apparaître d'étranges ruelles obscures ,improbables et sinueuses mais qui a ce charme fou, si élégant et tellement excitant qu'il en deviendrait ce plus beau des bijoux porté de la plus exubérante des manières et ou le sublime trouverait sa perfection absolue la plus divine.

Oui la vie est ainsi faite et inventée à l'image de ce que notre relation fut..

L'idée de ce spleen amicalement amoureux m'est supportable, durable et rend grâce à mes yeux .Seulement elle en est aussi cette drogue qui laisse entre ouverte la porte du panthéon aujourd'hui devenue cette demeure interdite … Peut être un courant d'air t'y mènera …

Prenons alors le temps de cette contemplation amicale passée, elle est belle, elle est surprenante, elle est comme l'eau qui ruisselle et ensorcelle, comme les étoiles qui scintillent au clair obscur et pour lesquelles nous inventerions le ciel et la terre ... mais surtout elle est à ton image c est à dire Unique

Promesse

Ainsi chaque soir ,
Au crépuscule plongeant ,
Une lumière réconfortera nos cœurs.
Douce , diffuse et pénétrante
Elle éclairera nos plus délicats souvenirs ,
Tous ces moments qui jadis ont bousculés nos corps ,
Nos vies ,tous ces instants qui ont nourri nos âmes
Pour l'éternité à la croisée de toutes nos espérances .
Comme les rivières abondantes de nos entrailles volcaniques
Bercées d'effluves passionnelles et larmoyantes ,
Comme les racines séculaires de nos êtres fragiles
De nos chairs blessées ,
Comme ces horloges qui rythment le temps,
Découpent nos sentiments déposés à l'autel de l'injustice
Cette lumière sera celle de nos espérances ,
Celle de nos uniques certitudes
Par-delà la vie , par-delà la mort , à la croisée de nos âmes amoureuses ,

Elle brillera de milles feux sur nos visages d'enfants
Que seule aura de son empreinte marqué
Le désir brûlant de ne jamais s'oublier

Les portes du silences

Deux étoiles éternelles
Aux portes du silence,
Éclairent nos confidences
Devenues immortelles.

Deux flammes jumelles
Aux portes du silence,
Respirent en confiance
Leurs désirs charnels.

Celle que tu deviendras
De moi se souviendra,
Un candeur t'éclairera
Celle trouvé dans mes bras.

Celui que je deviendrai,
De toi je me rappelai.
De cette douceur inespérée,
Celle trouvé dans ta beauté.

Étoile filante de mon cœur
Je sécherai toujours tes pleurs
Jusqu'à ton unique retour
Ou tu reviendras mon amour.

Les pleurs du silence

Je pleure les larmes de ton sang
Derrière les portes du silence
Ou disparu comme un coup de vent
Tu m'as laissé en toute indifférence.

Je pleure les larmes de nos âmes
Derrière les portes de ma souffrance
Ou disparu ma plus belle femme
Tu m'as laissé moi qui avait confiance.

Mon unique ainsi destinée
Aujourd'hui hui s'en est allée.
Mon unique tant aimée
Demain j'espère te retrouver.

Mon unique ainsi éloignée
Aujourd'hui hui s'en est allée.
Mon unique tant espérée
Demain j'espère encore t'aimer.

L'unique papier

J'ai frôlé son cœur au pied de l'automne.
Elle n'avait rien de vraiment monotone.
Comme un air d'amour qui chantonne
Aux lèvres de cette belle personne.

J'ai caressé ses rêves endormis
Qui ont bercés tant de ses nuits.
J'ai embrassé même ses ennuies
Qui ont réveillé ses désirs enfouis.

Aux courants d'airs de ses peurs
Je me suis arrêté tel un adorateur,
Je suis devenu son bel ensorceleur
Et je lui ai déposé mon cœur.

Aux saisons de ses espérances
Jeté aux pieds de ses souffrances,
Elle choisi le chemin de l'allégeance
Ou elle dépose toutes ses croyances.

Au pieds de l'été le temps s'est arrêté ,
Tendrement alors elle m'a regardé.
Mais avant de me l'annoncer,
Je lui avais déjà pardonné.

A la croisée d'autres années,
Peut être un autre jour d'été,
Elle n'aura même pas changé
Et me dira qu'elle s'est trompée.

Je me retournerai sans la regarder
Et lui écrirai sur cet unique papier
A l'encre encore à peine séchée
Que je n'ai jamais cessé de l'aimer.

Premier recueil de l'auteur , l'Unique nous ouvre les portes de cette chapelle interdite , celle dont nous sommes tous à la recherche , celle de l'amour rêvé et très souvent espéré .Cette quête de l'âme sœur absolue existerait donc t'elle ?

Thierry Paul Valette est un jeune auteur normand à l'esprit libre et provincial qui a grandi au cœur du Pays d'auge et qui jongle entre les pinceaux et les mots .Comme le dit lui l'auteur « Peindre , écrire c'est comme faire l'amour «

Pas à n'importe qu'elle femme mais à celle dont notre âme est en quête ...La quête de l'unique...Ce recueil nous mène sur les chemins de cette quête amoureuse au travers de poèmes qui nous transportent au plus profond de nous même et nous entraînent sur des sentiers interdits aux portes de cette chapelle ..Passant ainsi par toutes les étapes de la passion amoureuse et charnelle l'auteur nous dessine avec magie une vision de l'amour dont nous devrions nous inspirer Son engagement personnel sur la sensibilité du monde lui est aussi nécessaire pour cette quête de l 'être destiné.L'unique et ses mystères ainsi dévoilés vont t ils changer votre perception du monde ?